काव्यालय

राहुल मित्रा

Made with ♥ on the Notion Press Platform
www.notionpress.com

क्रम-सूची

क्रम-सूची

क्रम-सूची

प्रस्तावना

इस किताब का शीर्षक 'काव्यालय 'रखने के पीछे एक दिलचस्प घटना है जो आप सब से साझा करना चाहूँगा। जब मेरे पास किताब को छापने के संदर्भ में संपर्क किया गया और पूछा गया कि मैं अपने किताब को क्या नाम देना चाहूँगा तो मेरे दिमाग में इसको लेकर कोई विचार नहीं था। मैंने 'Poetic Souls Publications' से कुछ मोहलत माँगी ताकि मैं इस पर विचार कर सकूँ | परंतु तीन दिन बाद भी मेरे दिमाग में कोई शीर्षक आ नहीं रहा था। इसी बीच मुझे अपनी बचपन की एक डायरी मिली। मुझे स्कूल के समय से ही डायरी लिखने का शौक रहा है। मैं उस डायरी के पन्ने को पलट रहा था कि, तभी मेरी नज़र एक कविता के शीर्षक पर पड़ी, जिसका शीर्षक 'काव्यालय' था और बस उसी वक्त मैंने निश्चय कर लिया कि मेरे कविता का शीर्षक 'काव्यालय' ही होगा। यद्यपि मैंने इस कविता को इस किताब में शामिल नहीं किया है पर वह कविता और शीर्षक मुझे याद दिलाता रहेगा उस समय के बारे में जब मैंने सबसे पहली कविता लिखी थी। बीते कई सालों में अपने अंदर के ज़ज्बात को, अनकही बात को मैं कविता के माध्यम से पन्नों पर उकेरता गया। कभी सोचा नहीं था कि, कभी मेरी किताब भी प्रकाशित होगी। इस किताब में पाठकों को जो भी कविता मिलेगी, वह सारी कवितायें मेरे जीवन के किसी-न-किसी प्रसंग का उल्लेख करेंगी। जिसने मुझे और मेरे विचारों को किसी न किसी-न-किसी रूप में प्रभावित किया है। मेरी कविता में प्रेम, आशा, निराशा इन सबका संगम मिलेगा।मेरी हर कविता आपको एक कहानी बताएगी, आपको मुझसे रूबरू कराएगी, ऐसी मुझे आशा है।
धन्यवाद।

पावती (स्वीकृति)

मैं सबसे पहले "Poetic Souls" ' को अपना धन्यवाद देना चाहूँगा जिन्होंने मुझ में यह बीज बोया किमेरी कविताओं का संग्रह प्रकाशित हो सकता है। अगर 'Poetic Souls' ने मुझसे संपर्क न किया होता तो आज भी मेरी कवितायें मेरी डायरी में पड़ी होतीं जैसे इतने वर्षों से पड़ीं थीं।

मैं अपने माता-- पिता एवं भाई को भी आभार व्यक्त करना चाहूँगा। खासकर मेरी माँ का जिन्होंने मुझे हमेशा प्रोत्साहित किया।

मैं अपने उन साथियों का भी आभार व्यक्त करना चाहूँगा जिन्होंने बचपन से मेरे इस शौक को झेला, सराहा और प्यार दिया।नितेश, प्रशांत, संदीप, राज, ये मेरे वो चार दोस्त हैं जो बचपन से मेरे साथ रहे और हमेशा जब भी मुझे इन लोगों की किसी भी चीज में जरूरत हुई मैंने इन्हें अपने पास पाया।

मेरी एक और दोस्त जिनका नाम शिवानी रंजन है, मैं उनको धन्यवाद देना चाहूँगा, जिनके लगातार प्रोत्साहित करने पर मैं इस किताब को अंतिम रूप दे पाया।

सबसे अंत में पर सबसे महत्वपूर्ण रूप से मैं मेरी हिन्दी की शिक्षिका " मंजू मैम " को धन्यवाद देना चाहूँगा, जिन्होंने एक बालक जिसे सही से हिन्दी लिखनी नहीं आती थी उसे कविता लिखने के लिए प्रोत्साहित किया। अगर वो मुझे प्रोत्साहित न करती और लगातार सुधार न करवाती तो मैं अपने जज़्बातों को शब्दों का रूप न दे पाता।

-राहुल मित्रा|

काव्या रचना कार के बारे में

राहुल मित्रा एक भारतीय लेखक जो पटना के रहने वाले है। उनका पालन-पोषण साधारण मध्यमवर्गीय परिवार में हुआ है। उनका जन्म 21 जून 1990 को हुआ था। उन्होंने अपनी स्कूली शिक्षा किड्डी कॉन्वेंट हाई स्कूल से पूरी की एवं स्नातक आरकेड बिजनेस कालेज से किया।

17 साल की छोटी सी उम्र में ही उनके अन्दर के लेखक ने दस्तक देना शुरू कर दिया था। कुछ समय बाद उन्होनें अपने जीवन के उन पलों को लिखने का फैसला किया, जिनसे वो गुजरे थे। अपनी पहली पुस्तक "काव्यालय" में उन्होनें अपने सपने को चित्रित किया है। राहुल मित्रा ने इस पुस्तक में अपने उन पलों को लिखा है, जो उनके जीवन का एक महत्वपूर्ण अंग है। उनके लेखन में कोई भी आसानी से रेखांकित कर सकता है कि वह अपने विश्वास और परिवार को अपने जीवन में सबसे महत्वपूर्ण मानते है।

राहुल मित्रा के लगभग सभी कविताओं में वास्तविक जीवन के अनुभव का स्पर्श पाया जा सकता है। उनकी रचनाएँ उनके पाठकों को एक कहानी के स्पर्श से जोड़ती है, जिसे वह अपनी जीवन से जोड़ सकते है। राहुल मित्रा आंतरिक रूप से प्रेरित है क्योंकी आज कि दुनिया में जहाँ आमतौर पर मनुष्य में ध्यान कि कमी होती है, एक पेशे के रूप में लेखन को बनाए रखने के लिए पर्याप्त अच्छी कविताएँ और कहानियाँ लिखना और भी चुनौतीपूर्ण है। राहुल मित्रा एक सकारात्मक विचार के व्यक्ती है ,जिन्होंने जीवन में हार मानना नही सीखा। मैं उनके उज्जवल भविष्य की कामना करती हुँ।

शिवानी रंजन (दोस्त एंव शुभचिंतक)

1

तुम जो आते हो

मेरे सपनों में तुम जो आते हो,
क्यों ऐसे मुझे जगाते हो,
पास मेरे नहीं आते हो
बस दूर से तड़पते हो,
ये बात अधूरी रह जाती है,
मुलाकात अधूरी रह जाती है,
तेरा मिलना मुझसे मेरे ख़्वाबों में,
एक प्यास अधूरी रह जाती है।
अब हक़ीकत से वास्ता कर लो तुम,
और बाँहों में खुद के,
मुझको भर लो तुम,
कुछ एक फ़साना खिल जाने दो,
मुझको खुद से यूँ मिल जाने दो,
कि बिन बोले सब कुछ मिल जाए,
तुम मेरी और हम तेरे हो जाए।

2

गुनेहगार

तेरी आँखों की मस्तियों का खोना,
तेरी वो नमकीन हँसी का जाना,
वो तेरे जुल्फ़ों की नें,
और इन पलकों का सूनापन,
मुझे एहसास कराता है,
गुनाहगार बनाता है।
जो पाया है तेरे इश्क में मैंने,
इसका सजदा करता हूँ।
तुझे कहूँ या न कहूँ,
पर तुझसे,
बेहद प्यार करता हूँ।
ये अल्फाज़ों का कोई खेल नहीं,
मेरे जज़्बातों की कहानी है,
तुम समझो तो ये सूखे अश्क हैं मेरे नयनों के,
न समझो तो केवल पानी है।
ये दास्तान – ए - मोहब्बत का,
जो बन रही कहानी है,
एक दिन आयेगा हमारी किस्मत में,
जब सुनानी सबको ये कहानी है।

राहुल मित्रा

मैं तेरा राजा हूँ और तू मेरी रानी है।

3

जरूरी है

तुम ख़फ़ा रहो चाहे मुझसे कितनी,
पर तुमसे हर दफ़ा मोहब्बत का,
इज़हार ज़रूरी है।
अब इश्क़ भले न रहे, तुमको मुझसे,
पर इश्क़ का इल्ज़ाम ज़रूरी है।
अजीब इत्तेफाक है तुम्हारे हसीन अल्फाज़ों का,
पहले इकरार भी वो करते हैं,
फिर इंकार की पहल भी।
पर इस इंकार के बावजूद,
तुम्हारा इंतजार ज़रूरी है।
अब इश्क़ भले न रहे, तुमको मुझसे,
पर इश्क़ का इल्ज़ाम ज़रूरी है।
तुमने कह तो दिया,
कि अब मोहब्बत नहीं रही तुमको मुझसे,
पर इस तरह दूर जाने का राज,
तुम्हें भी बताना ज़रूरी है।
मेरे सपने जिसमें आज भी तुम आते हो,
उन सपनों का अब टूट जाना ज़रूरी है,
अब इश्क़ भले न रहे, तुमको मुझसे,

राहुल मित्रा

पर इश्क़ का इल्ज़ाम ज़रूरी है।
तुम तो नज़र फेर कर हमसे,
शायद अब आशियाना नया सजाने लगे हो
पर हमारे अरमानों की राख पर,
अब तुम्हारा नाम जरूरी है।
और जो अश्क लिपटे पड़े हैं पलकों पर,
उनका सूख जाना ज़रूरी है।
अब इश्क़ भले न रहे, तुमको मुझसे,
पर इश्क़ का इल्ज़ाम ज़रूरी है।

4

तब तुम आना

जब मन घबराए और दिल बेचैन होने लगे,
तब तुम आना,
जब लगे तुम्हें कि अब बस,
और नहीं रह पाओगे मुझसे दूर,
तब तुम आना,
जब तुम्हारी धड़कन की आवाज़ तुम्हारे कानों तक पहुँचने लगे,
तब तुम आना।
वो क्या है कि यूँ आकर फिर से जाने का,
कोई मतलब नहीं बनता,
इस बार आना तो फिर दोबारा दूर ना जाना, इसके लिए आना।
जब आँखें मुझे देखने को तरसने लगे,
और तुम्हारी मायूसियों की वजह मैं बनूँ,
तब तुम आना।
जब तुम्हारी मुस्कराहट का राज मैं बनू,
तब तुम आना।
जब तुम्हारी नज़र हर तरफ मेरा अक्स देखे,
तब तुम आना।
वो क्या है कि यूँ नजर मिला कर,
फिर से नज़र फ़ेर लेने का,

राहुल मित्रा

कोई मतलब नहीं बनता।
इस बार आना तो फिर दोबारा दूर ना जाना, इसके लिए आना।

कोई मतलब नहीं बनता।
इस बार आना तो फिर दोबारा दूर ना जाना, इसके लिए आना।

5

कतरा -कतरा साँसों का

कतरा-कतरा साँसों का,
मैंने तुमसे उधार लिया।
जब रहम मिला तुम्हारा, तो जिया,
वर्ना सुपुर्द-ए -खाक हुआ।
हर क्षण के बीतने के साथ,
मैंने तुम्हारा विकराल रूप देखा।
इतना कुरूप, इतना निर्दय,
मैंने किसी को पहली बार देखा।
पर याद रखना,
ये जो पल है वो बीत जाएगा।
मेरी साँसें बचे न बचे,
पर ये सबक पूरे देश को मिल जाएगा।
अब विश्वास ना होगा कभी,
तुम्हारी किसी बात का,
ना तुम्हारी जात का, ना खोखले ज़ज्बात का।
जब ये अँधेरा खत्म होगा,
तब कौन सा मुँह लेकर आओगे।

राहुल मित्रा

माफ़ करना मैं तो भूल गया,
तुम तो बेशर्म हो, फिर लौटकर आओगे।
पर आज जहाँ मैं जा रहा हूँ,
तुम्हें भी एक दिन आना होगा।
एक दिन मुझसे मिलकर,
हर हिसाब चुकाना होगा।

6

एक इश्क़ और

तेरा यूँ आना और मुझे बहकाना ,
कुछ ग़ज़ब कर गया।
मेरी सुनी पड़ी ज़िंदगी में,
तेरा मुस्कुराना, एक हलचल कर गया।
ये प्यार, इश्क़ मोहब्बत की बातें,
मुझे बेमानी सी लगती थी,
एक झूठी, बनावटी कहानी सी लगती थी।
पर तूने मुझे समझाया,
ये कहानी झूठी नहीं अधूरी सी है।
फिर तेरे साथ ने ये एहसास कराया,
शायद अब तक ये कहानी जो अधूरी थी,
वो अब होने को पूरी सी है।
तेरा,
वो हँसना, रूठना और मनाना
वो झूठी मुठी बातें कहकर मुझे सताना,
जो पल मैंने कभी जिया नहीं
उन पलों को फिर से जीना सिखाना।
अब बस यह कहना है तुमसे,
तुम रूठ जाना पर मुझ से दूर ना जाना।

झगड़ना,लड़ना सब कुछ करना,
पर छोड़ कर न जाना।
क्योंकि अब मैं फिर से जी नहीं पाऊँगा ,
उन आँसुओं को पी नहीं पाऊँगा ,
मुझे प्यार करना अब तुमने सिखलाया है,
इश्क़ होता है क्या तुमने बतलाया है।
अबफिर से अँधेरों में जा नहीं पाऊँगा।
इसलिए कहता हूँ,
साथ रहना,वर्ना जीते जी मर जाऊँगा।

7

एक हमसफर खोज रहा हूँ

आज अँधेरों में उजाला खोज रहा हूँ,

मैं तन्हाइयों में शोर खोज रहा हूँ,

खुशियों की चाह तो बहुत पहले ख़त्म हो गई,

अब तो मुस्करा भर सकूँ,

इसकी वजह खोज रहा हूँ।

अरमानों के तबाह होने की चीख,

अब सुनकर भी सुनाई नहीं देती,

सपनों के टूटने का मंजर ,

देखकर भी दिखाई नहीं देता।

तिनका तिनका खुद को जोड़ रहा हूँ,

अब बस जी लूँ किसी तरह,

इसकी वजह खोज रहा हूँ।

आज बेचैनी में, सुकून खोज रहा हूँ,

मैंन उम्मीदों के बादलों में से,

उम्मीद की एक किरण खोज रहा हूँ।

अमर प्रेम की लालसा तो कब की छोड़ दी मैंने,

अब तो जो पलभर का साथ दे,

राहुल मित्रा

ऐसा एक 'हमसफ़र' खोज रहा हूँ।

8

रोने न देना

माना की फ़ासला है मीलों का तेरे मेरे दरमियाँ,
पर इन फ़ासलों से जज़्बातों को खोने ना देना,
कितनी भी ख़फ़ा हो जाना मुझसे,
पर कभी मुझे रोने न देना।
मेरे दिल की गहराईयों में बसे अरमानों को तुझे समझाना मुश्किल है,
मेरे मन में जो तेरी तस्वीर है,
तुझे दिखाना मुश्किल है।
पर मेरे ख़्वाबों में जिसमें तुम बसते हो,
उसे खोने न देना।
कितनी भी ख़फ़ा हो जाना मुझसे,
पर कभी रोने न देना।
कई उलझे अल्फ़ाज़ हैं जो मैं बता नहीं पाता,
अपनी मोहब्बत को कई दफ़ा जता नहीं पाता,
मेरी हर साँसों में बस नाम तेरा ही है,
मैं ये सत्य क्यों तुझे समझा नहीं पाता।
अब कैसे बताऊँ मैं,
बस इतना जान लो,
मैं तुम्हारा होना चाहता हूँ,

मुझे ख़ुद से दूर होने न देना,
कितनी भी ख़फ़ा हो जाना मुझ से,
पर कभी मुझे रोने न देना।

९

क्या प्यार कम हो गया है?

अब हालात बदलने लगे हैं,
या ज़ज्बात सम्भलने लगे हैं।
मैं कैसे समझूँ खुद को,
कि मेरे अल्फ़ाज़ बिगड़ने लगे हैं।
मेरा दिल कुछ कह रहा है,
और जुबान कुछ और कह रही है,
अब तुमही बताओ,
क्या मेरा प्यार जो तुम से था,
वो कम हो गया है?
पहले तुम से बातना होने पर झगड़ता था,
बात करनी होती थी तुमसे, इसके लिए लड़ता था।
पर अब मैं धीरे-धीरे लड़ना छोड़ रहा हूँ,
तुमसे झगड़ना छोड़ रहा हूँ,
अब तुम ही बताओ,
क्या मेरा प्यार जो तुम से था,
वो कम हो गया है?
पहले तुमसे रूठकर भी, मैं दूर रह नहीं पाता था,

तुम्हारे एक बार मनाने से ही मान जाता था,
पर अब मैं खुद को रोकने लगा हूँ।
याद तो बहुत आती है तुम्हारी,
पर फिर भी,
तुम्हारे मैसेज को इग्नोर करने लगा हूँ।
अब तुमही बताओ,
क्या मेरा प्यार जो तुमसे था,
वो कम हो गया है?
पहले तुमसे दिल की हर बात बोलता था,
बिना सोचे समझे अपना अधिकार समझ जिद करता था,
पर फिर समझ आया, मुझे सम्भलकर बोलना है,
मैं जिद कर सकता हूँ तुमसे ये अधिकार छोड़ना है।
अब मैं तुमसे कुछ भी कहने के पहले हिचकता हूँ,
तुम्हें कुछ बुरा ना लग जाए, सबसे पहले ये सोचता हूँ,
जिद करने का सवाल तो अब रहा ही नहीं,
इसलिए खुद ही वो अधिकार छोड़ता हूँ।
अब तुम ही बताओ,
क्या मेरा प्यार जो तुमसे था,
वो कम हो गया है?
बदलना यूँ हर आदत का मुझे मंजूर न था,
पर क्या करता अगर ना बदलता तो भी सुकून न था,
मेरा वो तुम्हें कॉल करना, तुमसे बात न होने पर लड़ना,
तुम्हें तकलीफ दे रहा था।
मेरे हर ज़ज्बात को नजरअंदाज करना,
और हर बात पर मुझे चुप करा देना,
मुझे भी तोड़ रहा था।
कब तक लड़ता, कब तक झगड़ता,
और कब तक टूटता,
इसलिए मैंने खुद को बदल लिया।
ताकि सुकून से रहो तुम भी,

और मैं भी।
अब तुम ही बताओ,
क्या मेरा प्यार जो तुम से था,
वो कम हो गया है?

10

नारी हूँ मैं

हर व्यथा में जो है हारी,

कभी अपने से, कभी परायों से,

लूटती- पीटती है जो,

मैं हूँ वो नारी।

कल चाहे जो भी हो,

कारण चाहे जो भी हो,

प्रेम में या घृणा में,

हर पल टूटती मैं ही हूँ।

कभी दंगों में बिकती हूँ,

कभी जिस्मों में पिसती हूँ,

किसी -न- किसी रूप में,

जलती ही हूँ।

चाहे किसी की जीत हो,

चाहे किसी की हार,

हर दिशा से,

मिटती तो मैं ही हूँ।

किसी क्षण बन जाती हूँ आबरू किसी की,

किसी क्षण मैं आबरू पर ही सवाल बनती हूँ,

एक प्रश्न चिन्ह सी,

खड़ी है जो पथ पर,
मैं हूँ वो नारी।

11

अफ़वाह

प्यार, इश्क़ और मोहब्बत,
सब अफ़वाह है,
हमने इन को मानना छोड़ दिया।
भ्रम में जीने की आदत थी,
इसलिए हमने जी ना छोड़ दिया।
हमने हर सपने को छन - से टूटते हुए देखा है,
कसमें, वादे को टूटते हुए देखा है,
अब हमने भरोसा करना छोड़ दिया,
हर सपने को खुद से तोड़ लिया।

खामोशी

यूँ ख़ामोश ज़िंदगी हो गई है,
मौजों में भी ख़ामोशी है।
दर - दर मैं भटक रहा हूँ,
बेचैन से पड़ा हूँ इस तरह,
यूँ खामोश.......
मंजर हर धुँधली सी है,
अश्क से है आँखें भरी।
तुझसे दूर साया मेरा,
पास है मेरे बस याद तेरी,
साँसों पर पहरा सा है,
जिस्म में खुशबू है बस बाकी तेरी।
यूँ खामोश ......
सुबह का सूरज रूठा सा है,
शाम बाकी है बस,
ख्वाहिशों की मेरी।
होठों पर नाम तेरा है,
पलकों पर हैं काँटें , ख्वाबों के तेरे।
ये जहान छोड़ दूँ तेरे लिए,
बस फिरूँ बनकर,

कलंदर इश्क़ में तेरी।
यूँ खामोश.........

13

ख़ामखा

ख़ामखा ही उस शाम ये खता कर बैठे,
बिन माँगे ही,उसे दिल-ए-जान कर बैठे,
न होश की फिक्र की,
न चैन का ही पता किया,
शौक में इश्क़ की लौ में,
बस हाथ जला बैठे।
ख़ामखा उसकी हसीन आँखों को,
अपना बसेरा बना लिया,
बिन बोले ही वहाँ डेरा जमा लिया,
न सोचा,न जाँचा हमने,
उसकी दिल की गहराईयों में उतरने से पहले,
बस साँसे से थामा मे, आँखे बंद किये,
एक डुबकी लगा बैठे।
एक दिन फिर,
ख़ामखा ही ख़ामखा में उन्होंने हँसते हुए,
ख़ामखा ही हम से जान माँग बैठे।
और हम भी बड़ी शान से, ख़ामखा ही,
अपनी जान लुटा बैठे।

14

जिंदगी एक तमाशा

ये तमाशा, वो तमाशा, ये तमाशा,
जिंदगी हर पल है एक तमाशा,
चलते चलते रुक जा ज़रा सा,
ये तमाशा, वो तमाशा, ये तमाशा।
नन्ही आँखों के खुलने पर,
बिन बात के रोने, हँसने पर,
बँटा था खूब बताशा,
ये तमाशा, वो तमाशा, ये तमाशा,
जिंदगी हर पल है एक तमाशा।
छोटे-छोटे कदम बढ़ाते,
बड़ी मंजिलों के पार बढ़ा सा,
जीवन के ऊँचे नीचे रास्तों पर,
कभी गिरना, कभी सँभलना ज़रा-सा,
ये तमाशा, वो तमाशा, ये तमाशा,
जिंदगी हर पल है एक तमाशा।
जवाँ होते हसरतों का खिलना,
अनगिनत सपनों का बनना,
नई ख्वाहिशों का जगना,
मस्तमौला सा मन यहाँ सा,

ये तमाशा, वो तमाशा, ये तमाशा,
जिंदगी हर पल है एक तमाशा।
फिर दिल में अंगड़ाईयों का उमड़ना,
नए सोए अरमानों का संवरना,
सावन का झूमना, फ़ूलों का चूमना,
बन जाना एक शानदार शमा सा,
ये तमाशा, वो तमाशा, ये तमाशा,
जिंदगी हर पल है एक तमाशा।
घनघोर बादलों का पैर पसरना,
हसरतों के महलों का बिखरना,
कुछ खुशियों के उपरान्त निराशा,
हर ओर छाने की बेताब हताशा,
ये तमाशा, वो तमाशा, ये तमाशा,
जिंदगी हर पल है एक तमाशा।
बंद खिड़की दरवाजों पर हाथ पाँव पटकना,
अँधेरे से उजाले की ओर बढ़ना,
संघर्ष पथ पर चढ़ते चलना,
फिर मंजिल से कुछ दूरी पर,
रुकना और मुड़कर तकना ज़रा सा,
ये तमाशा, वो तमाशा, ये तमाशा,
जिंदगी हर पल है एक तमाशा।
एक दिन अपना भी वह क्षण आएगा,
जब जीवन पथ थम जाएगा,
अब बस एक यही है आशा......
यही है आशा,
धूम से निकले अपना भी जनाज़ा,
और खत्म हो ये तमाशा,
हाय.....!
ये तमाशा, वो तमाशा, ये तमाशा,
मौत भी बन जाती है एक तमाशा।

15

वो बातें

मेरे दिल ने वो बातें कही थी जैसे,

क्या तेरे दिल ने भी वो बातें सुनी थी वैसे ?।

अब तो तन्हाइयों में हम रहते हैं,

तू खुश रहे महफ़िलों में, ये दुआ करते हैं।

तन्हाइयों से हमको मोहब्बत हुई जैसे,

उस पौधे को वीराने से मोहब्बत थी जैसे।

मेरे दिलने वो बात कही थी जैसे...........

साँसों का हर दौर चलता है रुक रुक के,

तेरे दर पर आकर धड़कन भी रुक गई ऐसे,

मेरे दिल ने वो बात कही थी जैसे...........

जो भी है दूरियाँ तेरे मेरे दरमियाँ,

न खत्म होने वाले फासलों का,

समंदर बन गया जैसे,

मेरे दिलने वो बात कही थी जैसे...........

अब न उम्मीद कोई न चाहत कोई,

तेरे जाने से हर किनारा छीन गया हमसे,

मेरे दिल ने वो बात कही थी जैसे.......

16

बेख़ुदी

बेख़ुदी में खुद से ही जा मिला,

अब तन्हाइयों से जुड़ गया नाता मेरा,

अल्फाज़ों से आज है रिश्ता टूटा,

अब रह गई है हर तरफ,

ख़ामोशियों बस यहाँ,

आज मैं खुद से हुआ जुदा।

न ख्वाब ही रहे , और उम्मीद भी फ़ना हुई

अब साँस भी तो तकलीफ़ दे रही,

अब तो हर पल कतरा- कतरा टूटा मैं यहाँ,

आज ज़िंदगी हुई है ख़फ़ा ।

न रंज है कोई न शिकायत,

मिलने लगी है बेचैनियों में राहत,

खुशियों से न है अब वास्ता मेरा,

अब तो खंजरों से छलनी होने का,

शौक पैदा हुआ यहाँ,

आज खुद को करना है धुआँ।

17

यूँ इस कदर

यूँ इस कदर मुझ पर विश्वास कर,
हर रात को होता जैसे चाँद पर,
रहती है वो हर पल इंतजार में,
कब आयेगा वो चाँदनी की बहार में,
खेलेगा वो आँख मिचौलियाँ,
कुछ अठखेलियाँ, वो बैरियाँ,
थोड़ा सताएगा और रुलाएगा,
फिर रूठ जाएगी रात तो,
वो,
हौले से, चुपके से,
धीमे कदमों तले,
बाँहों में भर के मनायेगा।
कुछ इस कदर मुझ से प्यार कर,
हर सीमाओं को पार कर,
सब भूल जा, मदहोश हो,
नयन सब कहे, लब खामोश हो
बस कुछ हो अगर तो ज़ज्बात हो,
तेरे मेरे बीच में बस ये हालात हो,
तू बस साथ हो तो हर बात हो,

तुझ से ही दिन और रात हो।

18

जब तू रोई थी, न सोयी थी,

आँसुओं में खोई थी,

मैं वहाँ आना सका, तुझे बचा ना सका,

इसलिए.......

शर्मिंदाहूँ.......

तेरे दामन पर जो हाथ दौड़े थे,

तेरी गरिमा को चूर चूर करने,

तेरे बदन पर जो नज़रें रेंगी थीं,

तुझे बेपर्दा करने,

वो नज़र और हाथ मेरी नस्ल के थे,

इसलिए........

शर्मिंदा हूँ...........

तुझे निर्भया न बनाकर,

शर्म और लज्जा का बुत बनाया,

तुझे आत्मरक्षा न सीखा कर,

नज़रें झुका कर चलना सिखाया,

वो खोखले शिक्षा और उपदेश मेरे थे,

इसलिए.......

शर्मिंदाहूँ.........

19

शहरनामा

शराफत की चादर ओढ़े,
कई शरीफ नाम यहाँ घूमते हैं,
हमसे पूछो ज़रा,
शराफत के बाजार में,
कई बदनाम यहाँ घूमते हैं।
पहन के चश्मा सच्चाईयों वाला,
कई सत्यवान यहाँ घूमते हैं,
हमसे पूछो ज़रा,
सच्चाईयों को बेचने वाले,
कई बेईमान यहाँ घूमते हैं।
इंसानों की बस्ती में रहते हैं पर,
इंसानियत की मिसाल ढूंढते हैं।
दिखने को कई चेहरे है मगर,
इंसानियत की खाल लपेटे,
जानवरों से भी बदतर,
कई इंसान यहाँ घूमते हैं।
हमसे पूछो ज़रा,
शराफत के बाज़ार में,
कई बदनाम यहाँ घूमते हैं।

20
कह न सकी

मैं रो न सकी,
कुछ कह न सकी,
तुझसे माँ.......
मैंने आँसू पिए,
मैंने दर्द सहे,
तेरे आँचल से होके जुदा।
खुद के हाथ से ही,
खुद के तोड़े, बनाये घरौंदे,
जो सजाये थे सपने,
जला दिया उन को भी मैंने,
पर,
मैं रो न सकी, कुछ कह न सकी,
तुझसे माँ.......
तेरे कहने पर चल दिये,
अंगारों पर हम,
जिंदगी से जिंदगी को,
रुसवा नहीं किये कम,
पर,
मैं रो न सकी , कुछ कह न सकी,

तुझसे माँ.......

21

कुछ टूटा सा है

तिनका-तिनका उड़ा,

पत्ता-पत्ता टूटा,

मेरे रूह और जज़्बातों का,

कतरा-कतरा बिखरा।

खुद पर जो घमंड था,

आज उतना ही शर्मिंदा हूँ,

अब तो खुद से,

खुद के होने की शिकायत है।

जिंदगी से अब कोई मोहब्बत नहीं,

जीने को कुछ हो,

ऐसी भी कोई चाहत नहीं।

अब मौत लगे गले से जब,

तो ही राहत है।

खुद का अक्स चिल्लाता है,

आईना चेहरा छिपाता है,

हर दिशा धिक्कारती हैं,

हवाएँ भी हँसकर चली जाती हैं,

काँपते हैं होंठ खुद का नाम लेने में भी,

खुद के जिन्दा होने पर शर्म आती है।

22

बचपन सच्चा लगता है

वर्षों की दौड़ में आगे आकर,

मासूमियत कुछ खो सी गई है,

राह थक से गये है, मंजिलों की खोज में,

इस जवानी के बुढ़ापे में,

अब वो बच्चा अच्छा लगता है,

मुझे वो बचपन सच्चा लगता है।

वो रूठ के मिनटो में मान जाना,

न ईर्ष्या, न द्वेष कोई,

झगड़ों से दोस्ती तक का सफ़र,

इस घुटते माहौल में,

अब वो बच्चा अच्छा लगता है,

मुझे वो बचपन सच्चा लगता है।

दिनभर की डांट सुनकर,

शाम को माँ की गोद में लौटना,

वो सिर पर हौले से थप-थपाना,

बालों को सहलाकर, नींद की आगोश में पहुँचाना

हर रोज़ थके से शाम को,

राहुल मित्रा

अब वो बच्चा अच्छा लगता है,
मुझे वो बचपन सच्चा लगता है।
दादी-नानी की ज़ुबान से,
रामायण-महाभारत की पूरी कहानी पढ़ जाना,
बारिश के पानी में, काग़ज़ की कश्ती चलाना,
दिवाली के शोर में,
काग़ज़ के घरौंदे बनाना।
पत्थर के बने इस घर को,
अब वो बच्चा अच्छा लगता है,
मुझे वो बचपन सच्चा लगता है।

23

अधूरी किताब सी

अधूरी किताब सी है,
ये ज़िंदगी साली।
किस राह को ले जा रही है,
ये ज़िंदगी साली।
न मंजिल का पता,
न रास्तों की ख़बर,
छलकते है ज़ाम चारों तरफ,
इस मयखाने में,
बस अपना ही है गिलास खाली।
अधूरी किताब सी है,
ये ज़िंदगी साली।
कभी बिठाए पलकों पर,
कभी रौंदती पैरों तले।
एक टूटे जहाज का,
सफर है ये ज़िंदगी साली।
एक पल को शांत,
दूजे पल तूफान,
मौसम से भी तेज,
रंग बदले, ये ज़िंदगी साली।

राहुल मित्रा

कभी सावन में पतझड़,
कभी पतझड़ में सावन,
कभी ओस की बूँदों सा,
पाक ये ज़िंदगी साली।
शतरंज की बिसात पर बिछी,
काले सफेद मोहरों से सजी,
कभी सीधी, कभी टेढ़ी,
कोई चाल है ये ज़िंदगी साली।
रंगमंच की कठपुतलियों सा नचाकर,
कभी हँसाकर, कभी रुलाकर,
रेत के महल बनाकर,
खेलती है हर दिन हमसे,
ताश के पत्तों का खेल,
कभी हार, कभी जीत की,
गवाह है ये ज़िंदगी साली।

24

वो लड़की

एक पल की बस बात थी वो,
पर अब बरसों तक रहेगी,
मेरी यादों से, ख्वाबों से खेलेगी,
वो लड़की।
थोड़ी सी अल्हड़,थोड़ी सी नाजुक,
था थोड़ा गुमान भी,
रिमझिम बारिश की बूँदों सी,
वो लड़की।
नज़रों से कह रही थी, दिल के अरमानों को,
कभी झुका के, कभी उठा के,
अपनी पंखुड़ी सी पलकों को,
इन्द्रधनुषी रंगों की चमक सी,
वो लड़की।
आँखों में है अब भी उसकी परछाई,
वो दूर जाती आँखों की तड़प,
कहकर भी कुछ न कह पाने का दर्द,
संगमरमर की मूर्ति सी,
वो लड़की।
तलाश रही है उसको नजरें मेरी,

राहुल मित्रा

हर गली, हर डगर,
क्या बताऊँ मैं तुम्हें,
ऐसी-वैसी, कैसी थी?
वो लड़की।

25

जिंदगी

जिंदगी कुछ न हीं एक अजीब कहानी है,
कुछ तेरी, कुछ मेरी जुबानी है।
कभी पतझड़ में सावन की तरह झूमती है,
कभी सन्नाटे में शोर बन के गूँजती है,
कभी खेलती आँख मिचौली
कभी हवा के परों पर आती है।
कभी रूठती, कभी मनाती,
कभी गोद में सुलाती है।
सजाएँ भी देती है,
दुआएँ भी देती है,
मंजिलों के रास्ते भी तमाम देती है।
जिंदगी कुछ नहीं एक अजीब कहानी है,
कुछ तेरी, कुछ मेरी जुबानी है।

26

कुछ अच्छा

तू जब साथ था,
तो अच्छा था,
आज जब नहीं है,
तो भी अच्छा है।
कल तुझ पर जो अधिकार था,
तो अच्छा था,
आज जब किसी और का है,
तो भी अच्छा है।
पहले तू मेरे ख़्वाबों में था,
तो अच्छा था,
आज जब बस मेरी यादों में है,
तो भी अच्छा है।
कल तक तेरे मेरे कदम साथ साथ थे,
तो अच्छा था ,
आज जब इनमें फ़ासला है,
तो भी अच्छा है।
यूँ तो कहने को तुझसे कुछ खास नहीं,
पर फिर भी ये कहना है-
मेरा इश्क तेरे लिए,

कल भी सच्चा था,
मेरा इश्क़ तेरे लिए,
आज भी सच्चा है।

27

प्रियवर

तुम प्रिय हो प्राणों सी मुझको,
कैसे दूँ अधिकार तुम्हें चुप रहने को ?
तुम छोड़ दो मेरा साथ,
अगर कुछ नहीं कहने को।
तुम सागर सी शांत हो,
मैं चंद्रमा सा चंचल हूँ,
तुम ऐश्वर्य की देवी हो,
मैं विपदा का दर्पण हूँ।
सिवाय इस जान और जहान के,
तुम्हें कुछ नहीं देने को,
तुम छोड़ दो मेरा साथ,
अगर कुछ नहीं कहने को।
तुम प्रेम की ज्वाला हो,
जिसमें भस्म होने को तरसता हूँ,
तुम पुष्पों की वो डोर हो,
जिसमें गूँथने को तड़पता हूँ।
तेरे पास हो कर भी,
तुझसे कई मीलों का फासला है,
मेरी हर एक मंजिल,

पूछती तेरी रास्ता है।
यूँ तो मैं तुम्हारे काबिल नहीं,
पर मुझसे अधिक तुम्हें कोई प्रेम करे,
उठता ये भी सवाल नहीं?
तुम मुझे भूल जाओ,
ये हक़ है तुम्हें,
पर तुम्हें भुला देने का अधिकार,
मैं खुद को कैसे दूँ?
सिवाय इस जान और जहान के,
तुम्हें कुछ नहीं देने को,
तुम छोड़ दो मेरा साथ,
अगर कुछ नहीं कहने को।

28

तड़प

तुझे हर रोज़ देखना,
पर बात न करना,
एक दर्द दे जाता है।
तेरे मतवाली हँसी में,
तेरा साथी न होना,
एक दर्द दे जाता है ।
जी में आता है,
दूर बैठे एकटक तुझे निहारूँ,
पर जकड़ लेती है,
कोई बेड़ी,
मेरी मोहब्बत से तेरे रुसवा होने का डर,
एक दर्द दे जाता है।
तेरे घुँघराले केशों में,
खो जाने का अरमान,
एक दर्द दे जाता है।
तेरे काले नयनों का,
हसीन ख्वाब न बनना,
एक दर्द दे जाता है ।
व्याकुल होता है मन,

तुझ तक अपने दिल के अरमान पहुँचाने को,
पर रास्तों में दम तोड़ जाना,
एक दर्द दे जाता है।
तेरे समीप हो कर भी,
तुझ से कई मीलों का फासला होना,
एक दर्द दे जाता है।
तुझे सब कहकर भी,
बहुत कुछ न कह पाना,
एक दर्द दे जाता है।
तेरे साथ-साथ चल कर भी,
तेरा साया न बनना,
एक दर्द दे जाता है।
हर एक कोशिश की भुलाने की तुझको,
पर,
तुझे भुला कर भी, भुला न पाना,
एक दर्द दे जाता है।

29

तुझे भूल जाऊँगा

वादा है.......
तुझे भूल जाऊँगा,
न याद करूँगा मैं,
तुझे भूल जाऊँगा।
चाहे खटखटाये कितनी दफ़ा,
ये आँसू.....
नयन के दरवाजों को,
मैं पी जाऊँगा,
वादा है.......
तुझे भूल जाऊँगा,
भले छाले पड़ जाएँ,
मेरे तलवों पर चलते चलते,
पर अब लौटकर,
उन राहों पर न जाऊँगा,
वादा है.......
तुझे भूल जाऊँगा,
रोये ये कमबख्त दिल,
तड़पे चाहे कितनी दफा,
हर सूर्योदय के संग,

एक नया चेहरा सजाऊँगा,
वादा है.......
तुझे भूल जाऊँगा,
बन के दुल्हन तू,
सजा देना किसी का महल,
मैं इस छोटे से झोपड़े में,
अपना नया आशियाना बनाऊँगा,
वादा है.......
तुझे भूल जाऊँगा,
न याद करूँगा मैं,
तुझे भूल जाऊँगा।
लाख टोके, लाख रोके,
मोहब्बत का तराना, अफ़साना मुझे,
तेरी सिसकती यादों को छोड़,
एक रोज़,
फिर से मोहब्बत कर जाऊँगा,
वादा है.......
तुझे भूल जाऊँगा,
न याद करूँगा मैं,
तुझे भूल जाऊँगा।

30

गुजारिश

गुजारिश
एक तमन्ना है धड़कन की,
गुजारिश
एक सदा है मौसम की,
गुजारिश
एक जुनून है चाहत की,
गुजारिश
है बस एक गुजारिश।
सूर्य की किरण जब छूती है धरती को,
करती है गुजारिश,
एक नई सुबह की।
चाँद की चाँदनी, सागर को चूमकर,
करती है गुजारिश,
कुछ मीठी लहरों की।
ऐसी ही एक गुजारिश,
है बेताब दिल की,
तेरे आगोश में समाने की।
गुजारिश
कुछ सरगम है साँसों की,

गुजारिश
कुछ तस्वीर है यादों की,
गुजारिश
कुछ गुफ़्तगू हो बातों की,
गुजारिश
है बस इतनी गुजारिश।
घने पेड़ों के टूटते पत्ते,
करते हैं गुजारिश,
मिट्टी में मिल जाने की,
सावन में बादल की बूँदें,
करती है गुजारिश,
नीली झीलों में घुल जाने की,
ऐसी ही एक गुजारिश,
है आवारा मन की,
तेरी खुशबू में खो जाने की।
गुजारिश
संगीत है हवाओं का,
गुजारिश
कई रंग है घटाओं की,
गुजारिश
अन सुनी पुकार है फ़िज़ाओं की,
गुजारिश
है बस ये गुजारिश।

31

एक खता

तुम्हें खोने के खौफ से,
अपने होंठ सील लिए,
तुम्हें खोने के खौफ से,
अपनी पलकें झुका ली,
तुम्हें खोने के खौफ से,
अपनी धड़कन रोक ली,
तुम्हें खोने के खौफ से,
अपनी रूह को जकड़ लिया,
तुम्हें खोने के खौफ से,
तुम्हें कुछ न कहा।
पर आज रोता हूँ, सिसकता हूँ,
अँधेरी तन्हा रातों में।
रहता हूँ खुद से खफा,
कि काश !
तुम्हें कह दिया होता।
न सिलता अपने होंठ,
न रूह को जकड़ता,
न धड़कन रोकी होती,
न पलकें झुकाता,

तो आज,
तुम्हें खोने के खौफ से,
तुम्हें खो न दिया होता।

32

मूर्त

आज मन रो रहा था मेरा,
देखकर उस कोमल हथेली को,
जो फैले थे मेरी ओर,
लेकर किस्मत की थाली।
बैठकर चुपचाप से सिरहाने मेरे,
उसकी आँखें घूर रही थी,
मेरी तेजी सी घूमती हथेली की ओर,
बेचैन था उसका कोरा मन,
उन लकीरों को समझने के लिए,
जिन्हें उतार रहा था मैं,
उस पल, कोरे काग़ज़ पर।
कब तक वो भी धैर्य बाँधता,
पूछ ही बैठा, आखिर मतवाला,
क्या है मतलब उन लकीरों का?
अब तक समझ न पाया था,
वो बेचारा !
क्या कहता मैं उससे?
सोच रहा था उस पल मैं यह-
उसकी खोजी आँखें अब भी,

यक्ष प्रश्न यह पूछ रही थी।
उत्तर क्या था उसके प्रश्न का,
आँखें उसकी ढूंढ रही थी।
अंत में यही कह सका मैं,
छोटे.......
तेरे बस की बात नहीं ये-
उत्तर सुन कर मेरी वो,
हौले से आगे बढ़ गया,
और बता गया यह मुझ को
भले मैं हूँ इस जग के लिए कितना ज्ञानी,
सत्य यही है,
आज अज्ञानता का मूर्त था।

33

रेल डिब्बा

गतिशील डिब्बे में बैठे हुए,
नींद से बोझिल आँखें,
जब खिड़की के बाहर जाती हैं,
तो सूर्य कुछ छूटता सा प्रतीत होता है।
खेत-खलिहान, नाले-नहर,
वो पगडंडी और बिन खिड़की का घर,
सब कुछ छूटता सा प्रतीत होता है।
जब-जब रफ्तार पकड़ता है डिब्बा,
शीतल लहर पवन का आता है,
और गति के मद्धम होते ही,
बूँदों से भीग जाता है।
कुछ नदियाँ, पर्वत और महल भी,
इन राहों पर मिल जाते है,
पर गहरे अँधेरे के साये में,
आपस में घुल मिल जाते हैं।
हर एक पड़ाव और स्टेशन,
एक नयी दुनिया दिखलाती है,
कहाँ शाम है, कहाँ सवेरा,
हर हकीकत बतलाती है।

धरती, अम्बर और सागर,
या फिर हो कोई बीहड़ देश,
दुनिया की अनजानी राहों को भी,
खुद की आँखों से दिखलाती है।
कुछ क्षण के लिए यह डिब्बा,
बन जाता है पारदर्शी दर्पण,
केवल सूरज की रोशनी में नहीं,
रात के अँधेरे में भी,
करवाता है सत्य के दर्शन।
कहाँ है आशा, कहाँ निराशा,
कहाँ जग-मग करता है अँधेरा,
हर कसमें और वादों से,
मुलाकात कराता है ये डिब्बा।
हर मुसाफ़िर की कहानी,
बन जाती है इसकी जिन्दगानी,
न सुख है कोई, न दुख,
किस्मत है डिब्बे की,
बस!
आनी-जानी।

34

नाम

अतीत के सागर से,कोई तिनका,
फिर लहरा के आया है।
कुछ जाना-पहचाना है चेहरा उसका,
या शायद नाम उसका।
धुँधली हो गयी थी जो तस्वीरें,
समय के भँवर में,
उसकी आने की आहट ने उनमें,
रंग भर दिया है नया।
मन हो गया था विचलित,
तत्पर था समाने को,
उसकी नयनों की लालिमा में,
तत्क्षण जो हृदय में गया था समा।
जिन ख़्वाबों को झोंक दिया था,
श्रम की अग्नि में,
फिर से नयनों के समक्ष,
तस्वीर बन गया है नया।
ये केवल उसका नाम था,
या था मेरा अबूझ प्रेम।
जिसने हृदय की गहराईयों तक,

कोई चिंगारी दी थी लगा।

35

हमराही

उस पुल के नीचे से गुज़रते हुए,

कदम कुछ रुक सा गया,

पलक उठा कर जब देखा,

तो पाया सब कुछ विरान था।

ना तो वहाँ वो धूप थी, न ही छाँव,

बस अकेले खड़ा था, निर्जीव सा,

वह रास्ता,

जिसकी दूरी का अंत न था।

मस्तिष्क में चीख उठी फिर से कुछ यादें,

जून की तपती धूप में, स्कूल से लौटते समय,

जब बदन जल रहा होता,

इसी रास्ते के किनारे खड़े,

'जंगली पेड़ों' की छाँव से गुजरता था।

और भीषण वर्षा में,

जब अपनी छतरी भूल जाता,

तब यही मेरा आश्रय था।

आज इस रास्ते से गुज़रते बच्चों के पास,

न तो कोई छाँव थी, न आश्रय।

ये रास्ता भी चुप-चाप,

निष्प्राण पड़ा रहता है।
जुबान होती इसके पास,
पूछता तब सवाल,
क्यों छीना मुझसे मेरे साथी को?
वो मेरा हमदम था, हमराही था,
एक' वो ही तो था,
जिनसे सुनसान रातों में,
सुबह से शाम तक के अपने क्रियाकलापों को दिखाता था,
सीने की खरोंचों को दिखलाता था।
आज जब भी गुज़रता हूँ इस रास्ते से,
खुद को काले शीशे में कैद कर लेता हूँ,
जब तक गुजर न जाए वो सड़क,
तब तक नज़र झुकाये, अपने में सिमटा रहता हूँ।

36

स्वप्न विश्व

आँखों में एक ख्वाब बसा है,
सावन के रंगीन पुष्पों के समान,
काश अगर ऐसा हो,
इस पूरे में जहान,
न तो कोई सरहद हो,
न कोई बंदिशें,
बस हो अगर कुछ जहाँ में,
तो हो हर तरफ,
प्रेम ,शांति और भाई चारा
बसे जहाँ सम्पूर्ण विश्व,
एक वैश्विक कुटुम्ब के समान,
ना हो जहाँ बँटवारा,
जाति के नाम पर, धर्म के नाम पर,
केवल हो प्रेम अनुराग,
हर जीव के मन में।
सम्पूर्ण विश्व में फैला हो,
सुगंध मानवता की,
सच हो हर वो सपना,
जो आँखों में खिलता हो,

न बिखरे वो किसी तबाही से,बर्बादी से,
अमन चैन रहे हमेशा,
ख्वाबों से सुंदर विश्व में।
मन तरंग में ऐसे ही ख्वाब रोज़ खिलते हैं,
शायद पूरे हो जाएँ कभी,
यह सोच कर,
खुशियों के दरवाजे खुलते हैं।
इन्द्रधनुषी आभा से, सपनों का गगन जग मग करता है,
जब जब वर्षा में कभी,
धरती अम्बर से मिलती है।

37

विषैला बीज

एक धुँध छाई हुई है,
दानव आया हुआ है।
कर रहा है अग्निवर्षा,
निष्पाप प्राणियों पर,
न तो उसे डर है,
न तो कोई चिंता,
रक्त की लालसा है,
उसे केवल,
रक्त की लालसा।
चारों दिशाओं में है केवल,
उसकी गूँज,
हर तरफ फैला है कोहराम,
कोलाहल है हर तरफ,
शोर है केवल मृत्यु का,
फैला है जो हर तरफ।
मस्तिष्क है उसका भरमाया सा,
जैसे कोई गज पागल हुआ हो,
मृत्यु बरसा रहा है हर दिशा,
जैसे यमराज उस पर विराजमान हो।

खुद को बता के मसीहा,
दूत आजादी का,
खेल रहा है वो खेल,
नफरत का, दुश्मनी का।
परंतु ना-समझ हैं वो लोग,
जिन्हें नहीं है ज्ञात,
ये धरती है धर्मभूमि, कर्मभूमि,
महात्माओं की, शूरवीरों की।
यहाँ हर शिशु है योद्धा और ज्ञानी,
जिन्हें है ज्ञान,
आतंक का न तो कोई कौम है,
न तो कोई मज़हब,
आतंक तो केवल आतंक है,
जो सिखाता है घृणा और पाप।
इसका उद्देश्य है केवल,
मासूमों के प्राण,
आतंक है कुछ अगर,
तो है ये केवल बीज,
एक विषैला बीज।

38

कुछ बात हुई थी

उस रात एक अजीब बात हुई थी,
रात के अँधेरे तले रोशनी भरी सुबह हुई थी,
आँखों से उसके सावन की बरसात हुई थी,
मेरे दिल पर एक चाहत की आह!हुई थी।
जब खुली आँखें थी मेरी,
पंछियों की चहचहाहट पर,
उस वक्त कुदरत की भी शायद,
फिर से नई सुबह हुई थी।
उस रात को चाँद भी जैसे,
मेहरबान था इस जहान पर,
शायद तुझ जैसा वो भी तड़प रहा था,
इस जहान पर अपना सब कुछ लुटाने को।
उस दिन हवा भी न जाने क्यों?
इतनी मदमस्त सी बह रही थी,
लगता है चाहती थी कुछ कहना,
तेरी इन आँखों से होते हुए।
उस दिन एक पल ऐसा लगा जैसे,
सारी फिज़ा मुझपर मेहरबान हुई थी।
तेरी इन खूबसूरत आँखों से,

दुनिया की सारी खूबसूरती मुझ पर निसार हुई थी।

39

ये चमन और मैं

वो रोशनी जो दिखती है,
दूर से चमकते हुए, मचलते हुए,
वो है केवल भ्रम,
इस चंचल मन का।
वो रुदन जो आती है,
कानों मे तड़पते हुए, चीखते हुए,
वो है एक दर्पण,
इस अपवित्र वन का।
वो स्वर जो सुनता है,
हर एक, सुख में, दुःख में,
वो है सत्य की आवाज़,
इस पवित्र रूह की।
जो हर पल भटकता है मनुष्य,
अपना सर्वस्व लुटाने को,
वो है एक पिपासा,
इस प्यासे अंतर्मन की।
वो प्राणी जो समाज का,
है अपने कर्त्तव्यों से हीन,
वो है एक भार, एक शाप,

इस पावन वन का।
वो आत्मा जो मचलती है,
हर एक के दुःख में,
वो है निष्पाप प्राण,
इस सुंदर वन का।

40
वो आग

कहाँ बुझ गई है वो आग,
जो जलती थी कभी,
यहाँ हर एक के सीने में।
सूरज के तेज सा, दीप की ज्योति सा,
जिसके प्रताप से रौशन था जग सारा।
कहाँ सो गया वह यौवन,
जो विचलित था कभी,
हर पल कुछ करने को।
हिरण सा तेज था, चीते सा फुर्तीला,
जिसके समक्ष झुका था जग सारा।
कहाँ सो गई है वो आत्मा,
जो सजग थी कभी,
हर एक के मन में।
बिजली की चमक सा, साँसों की गति सा,
जिसके समक्ष निर्बल था जग सारा।
जगाओ! उठाओ! भड़काओ!
उस आग को, यौवन को, आत्मा को,
जो समाई हुई है हर एक में।
जीवन के तरंग की तरह,

जिसके फैलने से छू ले आसमान को जग सारा। ।

41

स्वाभिमान

खुशियों का दामन था मेरे साथ,
केवल कुछ पलों के लिए,
आज फिर से ये जीवन,
खड़ा है इंतजार में,
एक छोटी सी खुशी के लिए।
उस पथरीले रास्ते पर,
दूर खड़ा था, एक पेड़,
सूखा-सा, मुरझाया-सा,
झुका हुआ, इंतजार में,
एक बसंत के लिए।
आज भी इस खिड़की से,
तकता हूँ मैं हर रोज़,
हर पल, हर सुबह,
हर शाम, मैं बावला सा,
एक अदद रोशनी के लिए।
वो चाँद भी जो हर रात,
पागलों की तरह घूमता रहता है,
इधर से उधर, एक डगर से दूसरी डगर,
तकता है राह सूर्य की,

एक चमक के लिए।
इन सबके बावजूद,
एक चीज़ है ऐसी,
जोहर किसी को कर ती है विचलित,
खुद में सक्षम होने को,
वो है स्वाभिमान।

42

विश्वास

मेरा मन,

आज विचलित है,

घिरा हुआ है उन आशंकाओं से,

जो मेरे आस-पास कभी नहीं थी।

कहाँ से ना जाने,

साफ़ सफ़ेद गगन पर,

काले बादलों का रथ तेज गति से आते हुए,

मेरे उस गगन पर छा जाता है।

और वह गगन जो,

कभी आशाओं की किरणों से भरा हुआ था,

अँधेरे बादलों में घिर कर छुप जाता है।

प्रयत्नशील है वो किरण बाहर आने को,

उदय मान है जो मुझमें एक विश्वास की तरह,

बस एक बूँद है, मेरे अंतर्मन की,

उस घोर,

घनघोर काले बादल से,

जो शायद,

हर पल मेरे विश्वास से जीतना चाहता।

43

हे नौजवान

हे नौजवान,

माना कि आज चहुँ ओर अँधेरा है,

पर आशा की ज्योत जलाना कहाँ मना है?

माना कि आज तेरे लिए सारे दरवाजे बंद हैं,

पर खुद से दरवाजा बनाना कहाँ मना है ?

माना कि आज तू हार रहा है,

पर आने वाले जीत के लिए प्रयत्न करना कहाँ मना है?

हे नौजवान,

माना कि आज संसार शक्तिशाली का है,

पर शक्तिशाली बनने के लिए,

किसी कमजोर को दबाना कहाँ लिखा है?

माना कि संसार के सुखों का हक़ तुझे भी है,

पर संसार के सुखों को पाने के लिए,

दूसरों को दुःख देना कहाँ लिखा है?

हे नौजवान,

माना कि आज़ाद है तू कुछ भी करने को,

पर अपनी आजादी का उपयोग,

राष्ट्रहित के लिए न करना, कहाँ सही है?

माना कि आसमान को छूने का सपना है तेरा,

राहुल मित्रा

पर उस आसमान को छूने के लिए,
अपनी इस धरती को छोड़ना कहाँ मना है?

44

केवल तू ही नहीं

क्या हुआ,
जो इस अँधेरी रातों में तू अकेला चल रहा है?
क्या हुआ,
जो आज तेरे सामने कठिनाईयों का पहाड़ खड़ा है?
ध्यान से देख चारों तरफ,
इस जग में केवल तू ही नहीं है,
जो यह सहन कर रहा है।
और भी हैं इस जग में,
जो तेरे संग चल रहे हैं।
दुःखों को सह रहे हैं,
परन्तु घबरा कर पीछे नहीं हट रहे हैं,
वो तो लगातार बढ़ रहे है।

45

कभी-कभी

कभी-कभी अपने आप से भी बोलो ज़रा,

कभी-कभी अपने अंतर्मन को भी टटोलो ज़रा,

केवल जीवन में सुख की आकांक्षा न रखो,

कभी-कभी आँसू पीने का भी हौसला रखो ज़रा।

कभी-कभी इस संसार की अच्छाइयों को भी देखो ज़रा,

कभी-कभी जीवन की सच्चाईयों को भी देखो ज़रा,

केवल जीवन से पाने की उम्मीद न रखो,

कभी-कभी खोने की भी हिम्मत करो ज़रा।

कभी-कभी सागर की लहरों को भी देखो ज़रा,

कभी-कभी हवाओं को चीरते हुए पक्षियों को उड़ते देखो ज़रा,

केवल जीवन में आसान राहों पर चलना न सीखो,

कभी-कभी काँटों भरी राहों पर भी चलो ज़रा।

46

हे मेरे ईश्वर

हे ईश्वर,
मैं आज आपके द्वार पर आया हूँ,
अपने तन के लिए नहीं,
अपने मन के लिये, कुछ माँगने।
आज मेरे कदम डगमगा रहे हैं,
आप इन्हें सम्भाल लें,
मेरा मन आज उलझा हुआ है,
कुछ अनचाहे ख़यालों में,
आप इन्हें सुलझा दें,
मेरी आपसे यही प्रार्थना है।
मुझे आशीष दें आप,
कभी मेरे अंतर्मन पर अहंकार का कब्जा न हो,
कभी मेरे मन पर अभिमान का साया न पड़े,
अगर कभी ऐसी स्थिति आ गई,
तो आप इस का दमन करें,
मेरी आपसे यही प्रार्थना है।

47

वो परमात्मा

जब रास्ता बंद हो,

कोई राह नहीं दिख रही हो,

और कदम तुम्हारा डगमगा रहा हो,

तब याद करो उस परमात्मा को,

जिसने तुम्हें बनाया।

जब चारों ओर अँधेरा हो,

कोई दीप न जल रहा हो,

और तुम्हारा हृदय भयभीत हो,

तब याद करो उस परमात्मा को,

जिसने तुम्हें बनाया।

जब तुम्हारा अंतर्मन असमर्थ हो,

कोई निश्चय न कर पा रहा हो,

और तुम्हारे मन में कोई द्वंद्व चल रहा हो,

तब याद करो उस परमात्मा को,

जिसने तुम्हें बनाया।

जब तुम कोई ऐसा काम करने की सोचते हो,

जिसे हर कोई नहीं कर पाता,

और तुम्हारा विश्वास तुम्हारा साथ न दे रहा हो,

तब याद करो उस परमात्मा को,

जिसने तुम्हें बनाया।
पर याद रखो एक बात,
वह परमात्मा तुम्हारी मदद करेगा तब,
जब अपनी मदद करोगे तुम,
किसी समाज या लोगों के डर से,
कर्तव्य अपना नहीं भूलोगे तुम।
अगर कर सके ये सब तुम,
करके दृढ़ निश्चय,
बिना किसी आलोचनाओं की परवाह किये,
तब देखना सारी दुनिया तुम्हारे पीछे होगी,
और होगी सामने तुम्हारे,
'तुम्हारी मंजिल ।

48

दो रूप

एक द्वंद्व सा चल रहा है,
मेरे इस मन में,
किन्हें मानूं, किन्हें न मानूं,
दोनों रूप ही हैं मेरे,
किसको अपने मन में उतारूँ।
एक रूप कहता है मुझसे,
"तू है राजा इस विश्व का "
दूजा रूप कहता है मुझसे,
"तू है भिखारी यहाँ से चला जा "
स्थिति अजीब है मेरे मन की,
किन्हें मानूं, किन्हें न मानूं,
दोनों रूप ही हैं मेरे,
किसको अपने मन में उतारूँ।
एक रूप कहता है मेरा,
" पूरा जग ही है तेरा "
दूजा रूपकहता है मुझसे,
"कोई नहीं यहाँ है तेरा "
स्थिति अजीब है मेरे मन की,
किन्हें मानूं, किन्हें न मानूं,

दोनों रूप ही हैं मेरे,
किसको अपने मन में उतारूँ।
पर है विश्वास मुझे मेरे अंतर्मन पर,
दिखाएगामुझे वो सही राह,
ताकि चुन सकूँ मैं, अपने उस रूप को,
जो पहुँचाएगा मुझे,
अपनी मंजिल पर।

49

हे शीत

धुआँ धुआँ सा है,

इस जीवन की रूत में,

कैसा बनाया है,

तुमने आज इस मौसम को।

छाई है एक चुप्पी,

इस वातावरण में,

रुक-सा गया है,

सारा जीवन एक पल को।

कैसा बना दिया है,

तुमने हमें विफल,

जम सा गया है,

सारा आदम एक पल को।

सूर्य जो उगता था नित-दिन,

वो भी हो गया, आज तेरे समक्ष विफल,

कैसे किया तूने सम्भव,

इस असंभव को।

शीत तूने किया ये साबित,

तुझमें है वो बल,

जो कर दे हमको विवश,

करने को कुछ भी।
हे शीत,
करते हैं हम ये विनती तुझसे,
दे राहत तू हमको,
कर खत्म तू अपना प्रकोप।

50
गाँव की मिट्टी

गाँव की मिट्टी,
गाँव की खुशबू,
गाँव की ये हरियाली,
मन मेरा मोह लेने वाली,
कितनी प्यारी, प्यारी।
लगे सुहाना कितना,
पक्षियों के प्यारे गीत,
ठंडी-ठंडी हवा जो चले,
ले मेरे मन को जीत।
कच्ची पगडंडी पर चलना,
राहों को पार करना,
कितना प्यारा लगताहै,
इस वातावरण में रहना।
मिट्टी की सुगंध,
पेड़ों की छाया,
इन सबको महसूस कर के,
मैंने जीवन का हर सुख पाया।
नाले, नहर, झील, तालाब,
यह है गाँव के अनमोल दृश्य,

जिसने पाया इन सुखों को,
उसने पाया जीवन को।
गाँव है अपने देश की जान,
इससे है हमारी पहचान,
इसको आगे बढ़ाना है,
उन्नति की दौड़ में ले जाना है।

51

ग़म का खज़ाना

ग़म के खज़ाने में बढ़ा,

एक ग़म और सही,

लाखों ग़म झेले हैं मैंने,

एक ग़म और सही।

जिंदगी के सफ़र में,

हर उतार हर चढ़ाव,

हर पगडंडी पार करके,

पहुँचा मैं इस मंजिल पर।

राहों में थे कांटे अनेक,

पर पहुँचना था मुझको,

अपनी मंजिल पर।

उन काँटों को अपने सीने पर रख,

बढ़ चला मैं अपनी मंजिल की तरफ़।

सुख और दुःख हैं,

जीवन के सिक्के के दो पहलू,

एक बिन दूजा अधूरा,

जो उलझ गया इसमें,

वो पहुँचेगा न कभी अपनी मंजिल पर।

जिया हँसकर जिसने,

जीवन के हर पल को,
चाहे वो पल हो,
ग़म का या खुशी का,
वही बढ़ा अपने मंजिल की तरफ़।

52

एक आशा

एक आशा सा जला,
और फिर इस दिल ने कहा,
देख ज़रा, सुन ज़रा
क्या है यहाँ का माज़रा ?
जीवन के रंगीन पलों का,
लेता मजा है तू यहाँ।
दुःख का, सुख का,
हर पल जो देता ज़िंदगी,
वो पाता तू यहाँ।
हर कड़ी जो जुड़ती है,
तेरे इस जीवन में,
वो हर कड़ी मिलती है,
तुझे यहाँ।
आग में, तपिश में,
धूप में, छाँव में,
हर घड़ी जीता है ,
तू यहाँ।
यही है स्वर्ग तेरा,
यही है नर्क तेरा,

यहीं है तेरी खुशी,
यहीं है तेरा ग़म,
हर कुछ जीवन में,
साथ जो तेरे होता,
वो होता है बस यहाँ।
जिंदगी मिलती है तुझे यहाँ,
मौत भी मिलती तुझे यहाँ,
यहीं है मिलता प्यार तुझे,
यहीं है मिलती तन्हाई।
जीवन के हज़ारों रंग,
रोज खिलते है यहाँ,
जीवन के हजारों पल,
रोज मिलते हैं यहाँ,
हर कुछ, सब कुछ,
मिलता है, खोता है तू,
तो बस सिर्फ यहाँ।

53

अनपढ़ी किताब

एक किताब,
खुली-सी, अनपढ़ी,
इंतजार में किसी के,
पढ़ सके जो इसे।
छुपा हुआ है इसमें,
राज अनगिनत,
कुछ दर्द छुपा है, कुछ सुख छिपा,
छिपा है इसमें एक खज़ाना,
जिसका मेल नहीं कोई।
सावन के काले बादल घिरते ही,
वो पन्ने उड़ते है,
चाहते हैं बात अपनी कहना,
चाहते हैं दर्द अपना कहना,
पर कह नहीं पाता कुछ,
विवश है कहता है प्रकृति से,
दीया क्यों नहीं जुबान मुझको।
तड़प कर, फड़-फड़ा कर,
फिर आकर अपने स्थान पर,
बैठ जाता है, सोचता है,

क्यों कोशिश करता हूँ,
उड़ने की, जानता हूँ जब,
पंख नहीं मेरे।
फिर से जाता डूब,
इस दर्द में,
उसमें नहीं शक्ति,
उसमें नहीं आत्मविश्वास,
सोचता है उसका जीवन,
है बेकार।
परंतु तभी आती एक आवाज़,
उसके अंतर्मन से,
तुझमें है वो शक्ति,
जो देता सबको ज्ञान,
तुझमें है वो आत्मविश्वास,
जो देताहै सबको राह,
सच्चाई का , ईमानदारी का,
कहता है फिर वो खुद को,
तेरा जीवननहीं बेकार।
हे किताब तू सबसे महान।

54

एक रौशनी

मैं,

अंधकार में,

खोता हुआ, डूबता हुआ,

तलाश में किसी की, भटकता इधर से उधर।

देखता चकित से आसमान में बैठे,

उन असंख्य तारों को,

जगमगाते हुए, झिलमिलाते हुए,

जो देते सुंदरता,

उस काली अँधेरी रात को।

सोचता हूँ बैठे हुए,

वृक्ष की शीतल छाँव में,

इस चंचल पवन के बारे में,

जो धीरे धीरे बहती हुई,

मन में मेरे एक अजीब-सी,

हलचल कर के पैदा चली जाती चुपके से।

फिर ये मन चिंतन करता है,

उन तरंगों के बारे में,

जो एक ओर से दूसरी ओर,

दूसरी से तीसरी ओर, जाते हुए,

मन को दे एक ख्याल,
चली जाती है।
पर लगता है फिर,
ये सब तरंगें,
हैं सिर्फ़ इस मन का भ्रम,
जो कर के भ्रमित मेरे मन को,
तड़पा रही, सता रही,
है केवल मुझको।
बेताब हूँ,
कब से कर रहा हूँ,
इंतजार एक आशा का,
जो इस अंधकार में दिखा जाए मुझ को,
एक रोशनी।

55

आँख

<hr>

ये आँखें,
सब जानती हैं, पहचानती हैं,
तेरे मन के बाहर क्या है,
तेरे मन के अंदर क्या है।
सब कुछ कह देती हैं ये,
जिसे तू कहना चाहता नहीं है,
जिसे छुपाना चाहता है तू,
पर बन कर एक ज़ुबान,
सब कुछ कह डालती हैं ये आँखें।
तेरे ग़म को, तेरी खुशी को,
मन में जो तेरे हलचल है, बेचैनी है,
उन सबको बना कर एक सुन्दर दर्पण,
सब कुछ दिखा देती है ये आँखें।
संसार के हर पहलू को,
जिसे तू चाहता है जानना,
उन सबको बन के एक छवि,
दिखा देती है ये आँखें।
शायद कहते है इसलिए,
दुनिया में सबसे खूबसूरत,

उस भगवान ने तुमको दिया है,
वो हैं तेरी ये आँखें।

56

जीवन की राह पर

जीवन की राह पर चलकर,
गगन को छू कर,
बढ़ना है तुझे नित दिन आगे,
शालीनता चाँद की अपनाकर,
अपना जीवन बदल ले तू।
खुद में ला तू इतना बल,
प्रचंड ताप सूरज का भी,
सामने तेरे हो जाये विफल,
रख के भरोसा खुद पर,
सदा बढ़ता चल, तू चलता चल।
अपनी इच्छाशक्ति के साथ,
कर हर कठिन काम को सरल,
ला शक्ति अपने में इतनी,
कर सके तू मुकाबला,
दुनिया के झोंकों, ठोकरों का।

57

जिंदगी के सात रंग

ये ज़िंदगी है सात रंगों की,

तू इन सात रंगों को जीता चल,

क्या पता है तुझे मुसाफ़िर,

कौन सा रंग तेरी ज़िंदगी को भायेगा।

जीवन के है दो पहलू,

एक सुख दूजा दुःख,

दुःख में ले ले तू सबके ग़म

सुख में बाँट तू अपनी खुशियाँ,

यह सही मानवता,

तू मानवता के पथ पर चलता चल,

ये ज़िंदगी है सात रंगों की,

तु इन सात रंगों को जीता चल।

कोशिश तेरी हो यही जीवन में,

तू सबको खुश रखे हमेशा,

फल की चिंता ना कर के,

तू कर्म अपना करता चल,

यही है तेरा रास्ता,

तू इस डगर पर चलता चल,

ये ज़िंदगी है सात रंगों की,

तू इन सात रंगों को जीता चल।
अपनी हार पर न तू ग़म मना,
न तो खुश हो अपनी जीत पर,
जान ले तू यही मुसाफ़िर,
जीवन के हर पल को तू अपना के चल,
अपने लक्ष्य की तरफ तू सदा,
रुके बिना झुके बिना, चलता चल

58

वो अनजाने

कुछ तो सोचो,
कि कैसे गुज़रते हैं जीवन के वो पल,
जो अपने होते नहीं,
कुछ तो सोचो,
कि कैसे मिलते है जीवन में तुमसे वो लोग,
जो अपने होते नहीं,
फिर भी हमको वो,
क्यों लगते है अपने,
आखिर क्यों वो अनजाने,
दिल में ऐसे समा जाते है,
जैसे रहे हो वो बरसों से अपने।
आखिर हमारे जीवन में कैसे हो जाता है,
उनका इतना बड़ा महत्व,
जिन्हें हमने कभी देखा नहीं, जाना नहीं,
फिर भी किसी मंत्रमुग्ध करने वाले,
सुर के जैसे,
वो ऐसे बस जाते है हमारे सीने में,
जैसे रहे हो वो बरसों से अपने।
क्यों करता है इंतजार,

राहुल मित्रा

उन अनजानों का ये मन,
जो हवाओं के झोंके की तरह,
आते हैं हमारे जीवन में,
जानते हुए भी की वो एक हवा का झोंका है,
हम इतना चाहते क्यों है उन्हें,
सब जानते हुए भी कि वह है,
एक मुसाफ़िर,
कभी न कभी इन्हें जाना है हमसे दूर,
हम चाहते हैं ये क्यों,
वो रहें हमेशा अपने।

59

हुआ सवेरा

फूल से खुशबू जब आती है ,
चिड़िया जब चहचहाती है,
मन मृदंग कहता ये मेरा,
देख बावरा हुआ सवेरा।
उगते सूरज की लालिमा,
जब फैलती चारों दिशाओं में,
देख उस अद्भुत दृश्य को,
मन मृदंग कहता ये मेरा,
देख बावरा हुआ सवेरा।
कोकिल का मीठी गीत,
पड़ता जब मेरे कानों में,
सुन उस मन भावन गीत को,
मन मृदंग कहता ये मेरा,
देख बावरा हुआ सवेरा।
जब ठंडी ठंडी पवन के झोंके,
तन को मेरे छूकर जाती,
मन मृदंग कहता ये मेरा,
देख बावरा हुआ सवेरा।

60

जिंदगी

जिंदगी! ये ज़िंदगी!
कहते है सब इसमें खुशियाँ हैं बहुत सारी,
पर पता नहीं कहाँ छुपी हैं खुशियाँ सारी,
जब भी ढूँढता हूँ मैं इसे,
मुझे मिलती है केवल,
इस जीवनकी तन्हाई सारी।
क्षितिज से जब भी मैं,
सूरज को उगते हुँए देखता हूँ,
कहता है ये लालायित मन।
काश! मेरे भी जीवन में,
खुशियाँ आये इस प्रकार,
परंतु नहीं गँवारा इस नियति को,
हर पहर के डूबते सूरज के संग,
जाती है डूब मेरी खुशियाँ।
घोर अँधेरी रात्रि की तरह,
मेरे जीवन में भी है घोर अँधेरा,
सूरज की पहली किरण के संग,
हट जाता है रात्रि का घोर अँधेरा।
पर मेरे जीवन का घोर अँधेरा,

कब होगा दूर एक मादक किरण से,
इंतजार है मुझको उस किरण का,
जो दे हटा मेरे निराशापूर्ण जीवन से,
घोर अँधेरा।

61

मजोर न हो तू

कमजोर न हो तू,
इस दुनिया के सामने,
ये दुनिया तेरी मुट्ठी में है,
जान ले।
वर्तमान इस देश का है तू,
भविष्य इस देश का,
तुझको आगे बढ़ चलना है,
नौजवान ऐ तू जाने ले।
निर्भर है तुझ पर ऐ नौजवान,
सुन ले सारी मानवता,
निर्भर है तुझ पर ऐ नौजवान,
सुन ले सारी स्वाधीनता,
कमजोर न हो तू,
इस दुनिया के सामने,
ये दुनिया तेरी मुट्ठी में है,
जान ले।

62

तुम्हीं में था

रात के अँधेरे में,
चलते हुए, जब देखा मैंने,
आसमान में जगमगाते तारों को,
तो क्षण भर के लिये मेरी निगाह ठहर गई उस पर।
फिर एक आवाज आई,
मेरे अंतर्मन से,
पूछा मुझसे क्या हमारा जीवन भी,
आसमान में बैठे इन असंख्य तारों जैसा,
हमेशा झिलमिलाते हुए, खिलखिलाते हुए,
जगमगाते हुए हो सकता है।
सोच रहा था,
मैं अभी इस प्रश्न के बारे में,
तभी एक दूसरी आवाज,
गूँजी मेरे कानों में,
गोया ही मैंने मुड़कर देखा,
मैं देख उसे चकित था,
वो कोई और नहीं मेरा अक्स था।
हँस रहा था मुझ पर,
जैसे मैंने कोई मूर्खतापूर्ण बात कही हो।

मैंने भी पूछा
" क्यों ? बात ऐसी क्या कह दी मैंने ?
जो मुझ पर तुम यूँ हँस रहे हो,
देख मुझको बार-बार
मुख अपना विचित्र-सा रच रहे हो।
परन्तु इतना कहने के बाद भी वो,
हँसता ही रहा।
मेरे कई बार कहने पर,
कई बार गिड़गिड़ाने पर,
शायद उसे मुझ पर दया आ गई,
फिर अपनी हँसी रोक कर,
उसने मुझसे ये बात कही।
' भाई मैं तो तुम्हारी मूर्खता,
और तुम्हारी सोच पर हँस रहा था।'
' तुमने क्या जीवन को,
गुलाब की पंखुड़ियों से भरा बिस्तर समझा है,
या समझा है इसको खुशियों का खज़ाना?
मित्र यह जीवन है,
कोई स्वप्न नहीं,
शायद इस हक़ीकत को,
अब तक तुमने नहीं पहचाना'।
फिर कुछ क्षण रुक कर,
उसने मुझ संबोधित किया।
" मित्र यह जीवन काँटों से परिपूर्ण एक राह है,
जिस पर चलकर ही पार कर पाओगे।
जीवन एक जंग है,
जिसे संघर्ष कर ही जीत पाओगे।
जीवन कोई परियों की कहानी नहीं,
जिसमें केवल सुख है,
अरे! मैं तुमसे क्या कहूँ ?

इनके जीवन में भी कई दुःख हैं।
अब की बार मैंने पूछा,
" तो क्या जीवन में कुछ चाह रखना,
किसी चीज़ की ख्वाहिश रखना,
जीवन की खुशियों को पाना,
जुर्म है? "
मेरे इस प्रश्न पर इस बार वो हँसा नहीं,
बल्कि थोड़ा सा-मुस्कराया और मुझे समझाया,
'मित्र जीवन में खुशियों को तलाशना जुर्म नहीं,
जुर्म है,
खुशियों को बिना दुःख के पाना,
जीवन में किसी कि चाहत जुर्म नहीं,
जुर्म है,
उस चाहत को बिना त्याग के पाना,
जीवन में किसी वस्तु की ख्वाहिश जुर्म नहीं,
जुर्म है,
उस वस्तु को बिना परिश्रम के पाना"।
उसकी इन बातों ने मुझे सोचने पर विवश किया,
इस बार प्रश्न मैंने नहीं मेरे अक्स ने किया।
पुछा मुझसे,
" क्या तुम इस प्रकार के जीवन को पाना चाहोगे ?"
मुझसे अब रहा ना गया,
मैंरोया, चीखा, चिल्लाया,
पूछा उससे "मित्र आज तक तुम कहाँ थे ?"
इस बार न वह हँसा, न मुस्कराया ।
थोड़ा -सा गंभीर होकर कहा
" मित्र हे मित्र, मैं तो तुम ही में था"।